Köstliche Aufläufe & Gratins

Sonderausgabe

1998 Trautwein Küchen-Edition
Genehmigte Sonderausgabe

Chefredaktion: Claudia Schäfer
Redaktion: Annette Nolden-Thommen, Gerhard Gehrlicher
Bildredaktion: Gerhard Gehrlicher
Umschlaggestaltung und Layout: Inga Koch
ISBN 3-8174-5192-X
5351921

Wahre Köstlichkeiten aus dem Ofen – das sind Aufläufe, Gratins und Soufflés. Ob als Vor-, Haupt- oder Zwischengericht, es läßt sich mit ihnen eine Vielzahl an Gerichten zaubern. Die unterschiedlichsten Zutaten zeichnen die herrlich duftenden Ofenspezialitäten aus: Gemüse, Nudeln, Reis, Kartoffeln, Fleisch oder Fisch. Eine schmackhafte Sauce oder auch Käsekruste sind charakteristisch für jeden Auflauf und jedes Gratin. Das Soufflé, die edlere und luftigere Version des Auflaufs, bietet dabei eine besondere Gaumenfreude. Auch hier gibt es wie bei Auflauf & Gratin eine pikante und süße Variante.
Der Vielfalt der Zubereitung sind keine Grenzen gesetzt, raffinierte Rezepte garantieren Lust auf mehr. Dazu gehört ein „Hähnchenauflauf mit Salbei“ genauso wie „Gratinierte Lachsforellenfilets“ oder ein „Beschwipster Pflaumenbiskuitauflauf“.
Egal ob Sie sich für Auflauf, Gratin oder Soufflé entscheiden, alle Rezepte sind ohne viel Aufwand nachzukochen.

Viel Spaß beim Kochen und guten Appetit!

Ihre

Thea Sommer

Inhalt

Mengen & Gewichte

1 Eßlöffel entspricht:

Butter	15 g	Speisestärke	10 g
Haferflocken	5 g	Reis	20 g
Kaffee (gemahlen)	5 g	Salz	9 g
Kakaopulver	5 g	Schmalz	17 g
Mehl	10 g	Zucker	15 g

1 Teelöffel entspricht:

Kaffee (gemahlen)	2 g	Salz	3 g
Kakaopulver	3 g	Speisestärke	5 g
Mehl	4 g	Zucker	4 g

Pro Person werden folgende Mengen empfohlen:

1/4 l Suppe (Vorspeise)	250 g Kartoffeln
1/2 l Suppe (Hauptgericht)	250 g Fisch
1/8 l Sauce	100 – 125 g Fleisch
250 g Gemüse	300 g Wild

Abkürzungen

Bd.	=	Bund	kg	=	Kilogramm
cl	=	Zentiliter	KH	=	Kohlehydrate
EL	=	Eßlöffel	kJ	=	Kilojoule
EW	=	Eiweiß	l	=	Liter
F	=	Fett	ml	=	Milliliter
g	=	Gramm	Msp.	=	Messerspitze
kcal	=	Kilokalorien	TL	=	Teelöffel

Alle Rezepte sind für 4 Personen berechnet. Ausnahmen wurden vermerkt.
Die Nährwert- und Kalorienangaben verstehen sich pro Person.
Bei den angegebenen Zubereitungs- und Garzeiten handelt es sich um Zirkawerte.

Warenkunde

Warenkunde

Mit Aufläufen und Gratins läßt sich eine Vielzahl an Gerichten zaubern – ob als Vor-, Haupt- oder Zwischengericht oder auch in einer süßen Variante.

Die unterschiedlichsten Zutaten kommen dabei zur Verwendung: Gemüse, Nudeln, Reis, Kartoffeln, Fleisch oder Fisch. Ganz nach Lust und Laune können sie miteinander kombiniert werden. Auch Reste lassen sich auf diese Art und Weise wunderbar verarbeiten.
Eine sehr delikate und edle Version des Auflaufs ist das Soufflé, das ebenfalls – pikant oder süß – eine wahre Gaumenfreude ist.

Das Gratin

„Gratinieren" kommt aus dem Französischen und bedeutet „überbacken". Meist handelt es sich um vorgegarte Zutaten, die mit einer Sauce übergossen und/oder mit Käse bestreut bei guter Hitze in der Backröhre überbacken werden. Eine Ausnahme stellt das Kartoffelgratin mit seinen zahlreichen Abwandlungen dar. Hier werden die Kartoffeln roh verwendet, in sehr dünne Scheiben geschnitten und so lange im Rohr gebacken, bis sie gar sind. Zwei sehr bekannte Varianten sind das „Gratin Dauphinois", mit Sahne, Butter, und Käse zubereitet, und die leichtere Art, das „Gratin Savoyarde", angereichert mit Brühe und eventuell ein wenig Käse.

Die Zutaten

Zum Gratinieren eignen sich sehr viele Gemüsearten, Nudeln, Reis, Fisch und Fleisch. Alle Zutaten müssen vor dem Überbacken fertig gekocht oder zumindest angegart (blanchiert) werden.
Je nach Lebensmittel kann es gedünstet (eventuell im Schnellkochtopf) oder in der Pfanne angebraten werden. Werden die Zutaten sofort nach dem Garen für ein Gratin weiterverwendet, können sie gleich heiß zum Gratin hinzugegeben werden. Wird das Gratin nur vorbereitet und erst später überbacken, dann empfiehlt es sich, die gekochten Zutaten rasch abzukühlen und bis zur Weiterverarbeitung abgedeckt im Kühlschrank aufzubewahren. Dadurch bleiben die Vitamine besser erhalten und ein Verderben wird verhindert.

Die Kruste

Das Charakteristische an einem Gratin ist die Kruste, die sich beim Überbacken bildet. Sie sollte knusprig und würzig sein.
Für die Kruste gibt man eine gut abgeschmeckte, weiße Sauce über die Grundzutaten und/oder bestreut diese mit einem guten geriebenen Käse sowie ein paar kalten Butterflöckchen.

Die Sauce

Das Gratin wird in der Regel mit einer Béchamelsauce überzogen. Dafür wird Butter hell aufgeschäumt, je nach Geschmack ein wenig feingehackte Zwiebel darin angedünstet, das Mehl dazugegeben und eingerührt, bis eine hellgelbe Konsistenz entsteht. Nach und nach rührt man anschließend die kalte Milch ein. Wichtig ist, daß die Milch in kleinen Mengen dazugegeben und ständig kräftig gerührt wird, damit sich keine Klumpen bilden können und die Sauce nicht zu stark am Topfboden ansetzt. Wenn die Sauce aufkocht, wird sie gewürzt und auf kleiner Flamme noch einige Zeit weitergekocht. Von dieser Béchamelsauce können weitere Saucen abgeleitet werden. Die Mornaysauce z. B. enthält zusätzlich Käse, Eigelb und Sahne, zur Walewskasauce wird stark reduzierter Fischfond, Eigelb und Sahne ge-

geben. Hier kann man seiner Kreativität freien Lauf lassen. Man muß nur darauf achten, daß die Sauce nicht zu dünn wird.

Der Käse

Zum Überbacken eines Gratins eignet sich grundsätzlich jeder Käse. Egal ob man Weich-, Schnitt-, Hart- oder Schmelzkäse nimmt, die Auswahl hängt in erster Linie vom eigenen Gusto ab. Mozzarella z.B. bildet eine schöne Kruste und hat dabei einen sehr milden Geschmack. Je größer die Menge und der Fettgehalt des Käses ist, desto üppiger fällt das Gratin aus. Auch können verschiedene Käsearten gemischt werden wie z. B. Parmesan mit Greyerzer oder Emmentaler, Roquefort mit Mascarpone usw. Noch gehaltvoller und geschmacksintensiver wird das Gratin, wenn der Käse mit Butterflöckchen vermischt bzw. belegt wird. Eine andere Variante ist die Mischung aus Quark und Käse, sie ist je nach Fettstufe des Quarks nicht ganz so energiereich, dafür aber schön saftig.

Die Form

Zum Gratinieren wird eine feuerfeste Form verwendet. Die klassische Gratinform ist aus Porzellan oder Steingut, sehr breit und niedrig, so daß die Hauptzutaten kaum geschichtet werden müssen und eine großflächige Kruste gebildet werden kann. Die Formen müssen auf jeden Fall gut gebuttert und mit Paniermehl, geriebenem Käse, Mandeln oder sonstigem bestreut werden, um ein Anbacken zu vermeiden.

Das Backen

Da Gratins nur noch zum Überbacken, also zur Bildung der schmackhaften Kruste, in den Backofen kommen, werden sie auf den Rost in der obersten oder zweitobersten Schiene gestellt. Die Temperatur sollte zwischen 250 und 300 Grad eingestellt werden.
Kommt das Gratin vor dem Backen direkt aus dem Kühlschrank und ist demzufolge sehr kalt, sollte es entweder weiter unten eingeschoben oder die erste Zeit mit Alufolie bedeckt werden. So werden alle Zutaten gut erhitzt, ohne daß die oberste Schicht verbrennt.
Die Gratinierzeit beträgt etwa 10 bis 25 Minuten, je nach Art des Backofens, Größe und Höhe der Form sowie Temperatur der Zutaten. Ob das Gericht fertig ist, verrät die Farbe und Konsistenz der Kruste.

Das süße Gratin

Süße Gratins werden meist aus frischen oder vorgegarten Früchten und einer Creme aus Eiern, Zucker, Sahne, Milch oder Quark hergestellt. Häufig wird auch mit einer Baisermasse überbacken. Diese Art des Gratins eignet sich nicht nur als Hauptspeise, sondern auch als Dessert.

Der Auflauf

Im Gegensatz zum Gratin werden die Zutaten beim Auflauf auch roh verwendet. Die Sauce, in welcher die rohen Zutaten gegart werden, kann auf unterschiedliche Weisen zubereitet werden. Da man viele Aufläufe problemlos vorbereiten kann, eignen sie sich für eine unkomplizierte Gästebewirtung.
Viele Länder haben ihre typischen Aufläufe. In Italien ist es die Lasagne, Griechenland hat das Moussaka, aus der Türkei kommt das Börek, Frankreich ist bekannt für seine süßen Aufläufe, die Clafoutis, und aus England stammen die Puddings, die in einer speziellen Form im Wasserbad gegart und nicht im Ofen gebacken werden.

Die Zutaten

Für einen Auflauf können im Prinzip alle Lebensmittel verwendet bzw. miteinander kombiniert werden. Zu beachten ist nur, daß alle Zutaten dieselbe Garzeit benötigen. Das erreicht man entweder durch entsprechende Stückgrößen der einzelnen Bestandteile oder durch Vorgaren aller bzw. einzelner Lebensmittel. So können zum Beispiel Möhren und Zucchini roh verwendet werden, wenn die Möhren kleiner geschnitten sind als die Zucchini oder wenn die Möhren vorher kurz blanchiert wurden. Wird Fisch mit Reis kombiniert, empfiehlt es sich, den Reis vorher fast fertig zu garen und mit dem rohen Fisch in den Ofen zu geben. Diese beiden Zutaten könnte man noch ergänzen durch rohes, kleingeschnittenes, eventuell sogar tiefgefrorenes Gemüse.

Nudeln, Reis, verschiedene Getreidesorten und Polenta aus Maisgrieß werden grundsätzlich vor ihrer Verwendung als Auflauf-Zutat gegart. Nudeln und Getreide sollten aber noch genügend Biß haben, da sie beim Backen in der Röhre nachgaren.

Die Sauce

Die Sauce richtet sich nach den Hauptzutaten des Auflaufs. Je nach dem, ob die Zutaten sehr wasserhaltig sind, eventuell noch Wasser aufnehmen müssen, roh oder schon gekocht sind, muß die Sauce etwas sämiger oder flüssiger sein. Generell eignet sich eine dünne Béchamelsauce und ihre unterschiedlichsten Abwandlungen, ein Gemisch aus Eiern, Brühe, Milch, Sahne und Käse oder eine Kombination mit nur einem Teil der Zutaten. Auch Mischungen mit festem Eischnee werden als Sauce verwendet. Ebensogut können Gemüsesaucen wie eine Tomatensauce verarbeitet werden. In diesem Fall besteht die oberste Schicht meistens aus Käse und Butterflöckchen.

Je nach dem, ob die einzelnen Komponenten des Auflaufs bereits gewürzt sind bzw. jede einzelne Schicht extra gewürzt wurde oder ob die Würzung über die Sauce erfolgt, muß die Sauce mild oder kräftig abgeschmeckt werden.

Der Käse

Wie beim Gratin können die unterschiedlichsten Käsesorten verwendet werden. Teilweise wird der Käse auch zwischen die einzelnen Zutaten gestreut oder mit der Sauce vermischt. Je nach Salzgehalt und Menge des Käses kann beim Würzen der Sauce ein wenig Salz eingespart werden.

Die Form

Gefäße aus Glas, Porzellan und Steingut eignen sich für Aufläufe ebenso wie Metallformen. Wichtig ist, daß die Form feuerfest und groß genug ist, damit der Inhalt gegebenenfalls in der Sauce garen kann und nicht austrocknet. Auch die Formen für den Auflauf müssen mit Butter, Margarine oder Öl gut eingefettet werden. Wenn es zum Auflauf paßt, kann auch nur Sahne auf den ungefetteten Formboden gegossen werden, so daß der ganze Boden gut bedeckt ist. Vor dem Backen wird der obere Rand der Form noch einmal abgewischt, damit Reste, die beim Einfüllen hängengeblieben sind, nicht verbrennen.

Das Backen

Im Gegensatz zum Gratin muß ein Auflauf für durchschnittlich 40 Minuten im Ofen bleiben. Gebacken wird bei guter Mittelhitze, also bei 200 bis 250 Grad, in der unteren Hälfte des Backofens. Um den Garvorgang zu beschleunigen, kann man die erste Zeit einen Deckel oder Alufolie auf die Form geben. Zur Krustenbildung wird in der zweiten Hälfte oder dem letzten Drittel der Garzeit die Abdeckung entfernt.

Der Auflauf wird normalerweise heiß serviert. Manche Aufläufe schmecken aber auch lauwarm oder kalt sehr gut.

Der süße Auflauf

Ebenso wie der pikante kann der süße Auflauf als Hauptspeise angeboten werden – natürlich eignet er sich auch gut als Dessert. Zutaten wie frische Früchte, Nüsse, eingekochtes Obst, Trockenobst etc. werden meist unter die Auflaufmasse gemischt. Das Zubereiten dieser Masse erinnert etwas an die Herstellung von Kuchenteig.

Süße Aufläufe werden in der Regel mit Eischnee gelockert. Da diese Masse beim Backen noch etwas aufgeht, ist es ratsam, die Form nur $^1/_2$ oder max. $^2/_3$ voll zu füllen. Auf diese Weise kann ein Überlaufen des Inhalts vermieden werden.

Das Soufflé

Die edlere und luftigere Version des Auflaufs ist das Soufflé. Zwar ist es in der Herstellung etwas diffizil, das Ergebnis aber eine Köstlichkeit. Wie bei Aufläufen und Gratins gibt es auch hier sowohl pikante als auch süße Varianten. Ein sehr bekanntes Soufflé ist das immer wieder abgewandelte Käsesoufflé.

Die Soufflémasse

Die Grundmasse für Soufflés, ob pikant oder süß, besteht aus einer dicken Béchamelsauce oder, etwas seltener, einer Brandteig-Zubereitung aus Milch. Hierbei wird das Eiweiß als Schnee untergehoben.
In die Grundmasse werden die Geschmackszutaten gut eingearbeitet. Das Eiweiß, das immer als letzte Zutat vorsichtig untergehoben wird, darf nicht zu fest sein, da es sonst flockig wird und sich nicht so gut mit der übrigen Masse verbindet. Häufig wird $^1/_3$ des Eischnees in die Masse eingerührt und der Rest vorsichtig untergehoben. Die Qualität der Eier spielt eine große Rolle für das Gelingen des Soufflés. Sie sollten mittelgroß (ca. 50 g) und so frisch wie möglich sein. Sind die Eier größer oder kleiner, sollte ein Ei mehr oder weniger verwendet oder die Menge der übrigen Zutaten entsprechend verändert werden.

Je luftiger das Soufflé werden soll, desto mehr Eischnee muß untergehoben werden. Dann ist das Soufflé allerdings auch empfindlicher gegen Luftzug und harte Stöße.

Die Form

Die klassische Souffléform ist aus Porzellan. Sie hat gerade, relativ hohe Wände, die innen glatt und außen gerippt sind. Es gibt aber auch Formen aus Steingut oder Glas, die sich genausogut eignen – die Backzeit kann sich dann allerdings etwas verlängern.
Egal wie groß die Form ist, es wird nur der Boden gefettet und je nach Rezept mit Paniermehl, Mandeln oder ähnlichem ausgestreut. So kann die Soufflémasse beim Aufgehen gut die Wände entlang rutschen. Damit die Masse beim Aufgehen nicht überläuft, dürfen die Formen nur bis zu $^2/_3$ bzw. $^1/_2$ gefüllt werden.

Das Backen

Die Backtemperatur liegt im Durchschnitt bei milden 180 Grad. Manche Soufflés werden mit aufsteigender Hitze von 160 auf 200 Grad im Wasserbad gegart, was aber im Rezept immer genau angegeben wird.
In der Regel wird das Soufflé auf die unterste Schiene des vorgeheizten Backofens gestellt. Die Kruste soll nämlich erst gegen Ende der Garzeit gebildet werden. Gibt man kurz davor noch etwas Puderzucker darüber, so karamelisiert dieser und gibt einen entsprechenden Geschmack.

Die Backzeit beträgt für kleine Förmchen im Schnitt 15 bis 20 Minuten, für große Formen muß man mit 30 bis 40 Minuten rechnen, je nach Art der Masse. Vor dieser Zeit darf die Tür des Backofens auf keinen Fall geöffnet werden, sonst würde das Soufflé sofort zusammenfallen.
Hat die Kruste eine goldgelbe Farbe angenommen, ist das Ende der Backzeit erreicht.

Beim Servieren des Soufflés muß darauf geachtet werden, daß weder Zugluft noch zu hartes Aufsetzen auf den Tisch das locker luftige Gericht zusammenfallen lassen. Da es auch im Idealfall nicht viel länger als 5 Minuten in voller Pracht erhalten bleibt, muß es sofort nach dem Garen serviert werden.

Wenn es einmal nicht so klappt,

dann verlieren Sie nicht den Mut – es ist noch kein Meister vom Himmel gefallen.
Machen Sie sich bei Ihrem nächsten Soufflé eigene Notizen zu verschiedenen Dingen wie verwendete Form, Feuchtigkeit der Masse, Länge der Backzeit usw. Je öfter Sie üben, desto leichter gelingt Ihnen das Soufflé.

Nudelaufläufe

Spinatlasagne
(für 6 Personen)

EW	F	KH	kcal/kJ
12 g	18 g	38 g	364/1531

Zutaten

Für den Nudelteig:
150 g Haferflocken, zart,
150 g Weizenmehl (Type 405),
2 Eier, 1 Eigelb,
4 EL Pflanzenöl, 1/2 TL Salz

Für die Füllung:
1 Zwiebel, 2 Knoblauchzehen,
20 g Butter,
1 kg Blattspinat (frisch oder tiefgekühlt)

Für die Sauce:
300 ml Vollmilch,
200 g Kräuterfrischkäse (Doppelrahmstufe),
4 EL Haferflocken, zart,
Salz, Pfeffer, Muskat,
150 g Emmentaler, gerieben

Zubereitungszeit: 70 Minuten
Ruhezeit: 30 Minuten

Alle Zutaten mit 3 EL Wasser für den Teig verkneten, in Klarsichtfolie einwickeln und 30 Minuten im Kühlschrank ruhen lassen.

Zwiebel und Knoblauchzehen schälen, fein hacken und in der heißen Butter andünsten. Spinat zugeben und kurz aufkochen, auf einem Sieb abtropfen lassen.

Für die Sauce Milch erhitzen, Frischkäse sowie Haferflocken einrühren. Mit Salz, Pfeffer und Muskat abschmecken.

Arbeitsplatte mit Mehl bestäuben. Aus dem Teig möglichst dünne Platten rollen und entsprechend der Auflaufform in Stücke schneiden. Form mit etwas Sauce ausgießen. Abwechselnd Teigplatten und Spinatfüllung hineinschichten. Die übrige Sauce auf die oberste Schicht geben, mit geriebenem Emmentaler bestreuen und im vorgeheizten Backofen bei 200 Grad ca. 45 Minuten backen.

Gratin mit Spiralnudeln

EW	F	KH	kcal/kJ
36 g	34 g	56 g	695/2925

Zutaten

250 g Spiralnudeln,
Salz,
150 g Möhren,
1 große Zwiebel,
1 EL Butter,
150 g Erbsen, tiefgekühlt,
250 g gekochter Schinken in dickeren Scheiben,
etwas Fett für die Form,
250 g Magerquark,
150 g Crème fraîche,
2 Eier,
schwarzer Pfeffer aus der Mühle,
1 TL Thymian

Zubereitungszeit: 50 Minuten

Nudeln in kochendem Salzwasser nach Packungsanleitung garen und gut abtropfen lassen.

Möhren und Zwiebel schälen, beides in kleine Würfel schneiden und in heißer Butter bei milder Hitze 5 Minuten dünsten. Erbsen in kochendem Salzwasser kurz blanchieren, eiskalt abschrecken und abtropfen lassen. Schinken in kleine Würfel schneiden.

Eine Auflaufform einfetten. Magerquark mit Crème fraîche und Eiern in einer großen Schüssel verrühren. Kräftig mit Salz, Pfeffer und Thymian würzen. Alle Zutaten mit der Sauce vermengen, in die Auflaufform füllen und im vorgeheizten Backofen bei 180 Grad 30 Minuten garen.

Makkaroni-Gemüse-Auflauf

Zutaten

200 g Makkaroni,
Salz,
1 große Zucchini (250 g),
1 Aubergine (250 g),
4 Tomaten,
25 g Backmargarine,
1 EL Mehl,
3/8 l Milch,
200 g Sahne-Schmelzkäse,
weißer Pfeffer, Muskat,
4 EL Allgäuer Emmentaler,
gerieben

Zubereitungszeit: 45 Minuten

EW	F	KH	kcal/kJ
22 g	23 g	50 g	492/2071

Makkaroni nach Packungsanweisung in reichlich kochendem Salzwasser „al dente" garen. Inzwischen das Gemüse putzen, waschen und in ca. 1/2 cm dicke Scheiben schneiden. Zucchini- und Auberginenscheiben in Salzwasser kurz blanchieren, auf ein Sieb geben, mit kaltem Wasser abschrecken, gut abtropfen lassen und mit den Tomatenscheiben beiseite stellen.

Margarine in einem Topf erhitzen. Mehl darüberstäuben und anschwitzen. Unter ständigem Rühren mit der Milch ablöschen. Die Sauce kurz aufkochen lassen, den Schmelzkäse darin auflösen und mit Salz, Pfeffer und Muskat pikant abschmecken. Makkaroni und Gemüse in eine feuerfeste Form schichten. Gemüse leicht salzen. Die Käsesauce darübergießen und zum Schluß mit geriebenem Emmentaler bestreuen. Den Makkaroni-Gemüse-Auflauf im vorgeheizten Backofen bei 200 Grad 20 – 25 Minuten backen, bis der Käse goldbraun ist.

Nudelauflauf mit Wirsing

Zutaten

250 g Hörnchen-Eier-Nudeln,
Salz,
2 EL Öl,
500 g Wirsing,
1/8 l Fleischbrühe, instant,
1 Zwiebel,
1/2 TL Curry,
30 g Butter,
200 g Mettwurst,
4 Eier,
1/4 l süße Sahne,
Pfeffer,
150 g mittelalter Gouda, gerieben,
1 große Tomate (200 g),
1 TL Schnittlauchröllchen

Zubereitungszeit: 70 Minuten

EW	F	KH	kcal/kJ
37 g	73 g	57 g	1055/4436

Nudeln in reichlich kochendem Salzwasser mit Öl bißfest garen, abtropfen lassen.

Wirsing putzen, dicke Rippen herausschneiden und waschen. In mundgerechte Stücke schneiden und in Fleischbrühe mit Zwiebelwürfeln und Curry 10 Minuten garen, kalt abspülen und abtropfen lassen.

Feuerfeste Form mit 10 g Butter einfetten. Mettwurst würfeln. Nudeln, Wirsing und Mettwurst mischen und in die Form füllen. Eier mit Sahne verquirlen, salzen, pfeffern und 2/3 des Käses daruntermischen.

Sauce über den Auflauf gießen. Restlichen Käse und Butterflöckchen darüberstreuen. Im Backofen bei 200 Grad ca. 45 Minuten garen.

Tomate blanchieren, häuten, entkernen und würfeln.

3 Minuten vor Ende der Garzeit über den Auflauf streuen. Vor dem Servieren mit Schnittlauchröllchen garnieren.

Bunte Blechnudeln (für 6 Personen)

Zutaten

500 g Schwäbische Spätzle,
Salz, 2 Stangen Lauch,
250 g Kirschtomaten,
2 gelbe Paprikaschoten,
1/2 Bd. Petersilie,
4 Eier,
125 g mittelalter Gouda, gerieben,
1 Becher Schlagsahne,
Pfeffer, Fett für das Blech

Zubereitungszeit: 60 Minuten

EW	F	KH	kcal/kJ
24 g	25 g	67 g	595/2508

Spätzle in kochendem Salzwasser ca. 10 Minuten garen. Lauch putzen, waschen und in dicke Ringe schneiden. 3 Minuten vor Ende der Garzeit zu den Nudeln geben. Nudeln auf einem Sieb abtropfen lassen. Tomaten waschen und halbieren. Paprika waschen, putzen und in feine Streifen schneiden. Petersilie waschen, fein hakken. Eier, Käse und Sahne verrühren. Mit Salz und Pfeffer würzen. Alle Zutaten vermengen und auf einem gefetteten Backblech verteilen. Im vorgeheizten Backofen bei 200 Grad ca. 30 Minuten backen.

Ricotta-Lasagne

Zutaten

Für die Füllung:
250 g Ricotta,
75 g Sonnenblumenkerne, feingehackt,
2 - 3 EL geriebener Parmesan,
1 - 2 Eier,
1 Bd. Basilikum, feingehackt,
etwas Thymian und Oregano,
Pfeffer aus der Mühle

Außerdem:
250 g Mozzarella,
Sonnenblumenöl für die Form,
500 ml Tomatensauce (Fertigprodukt),
250 g vorgegarte grüne Lasagneblätter

Zum Bestreuen:
2 EL Sonnenblumenkerne

Zubereitungszeit: 40 Minuten

EW	F	KH	kcal/kJ
25 g	29 g	16 g	768/3223

Alle Zutaten für die Füllung gut miteinander verrühren. Mit Pfeffer würzen und abschmecken.

Den Mozzarella in dünne Scheiben schneiden. Den Boden einer ausgefetteten, feuerfesten Form mit etwas Tomatensauce bedecken. Lasagneblätter, Ricottamasse, Tomatensauce und Mozzarellascheiben abwechselnd in die Form füllen, bis alles aufgebraucht ist. Mit Mozzarellascheiben abschließen. Zuletzt mit Sonnenblumenkernen bestreuen.

Lasagne im vorgeheizten Backofen bei 180 Grad auf der mittleren Schiene 25 Minuten überbacken.

Spaghettigratin mit Mozzarella

Zutaten

2 Lauchzwiebeln,
100 g Möhren,
80 g Staudensellerie,
100 g Lauch, 100 g Steinpilze,
80 g roher, durchwachsener Speck,
30 g Butter,
1 Knoblauchzehe, gehackt,
80 ml Weißwein,
Salz, weißer Pfeffer,
250 g Spaghetti,
2 EL Petersilie, gehackt,
Butter für die Förmchen,
150 ml Sahne,
2 Eier, 250 g Mozzarella

Zubereitungszeit: 70 Minuten

EW	F	KH	kcal/kJ
28 g	50 g	55 g	810/3407

Das Gemüse putzen. Lauchzwiebeln in Ringe, Möhren in 5 mm große Würfel, Staudensellerie in Scheiben, Lauch in dünne Streifen und Pilze in Scheiben schneiden. Speck würfeln.

Butter zerlassen, Pilze anbraten, herausnehmen und beiseite stellen. Speck, Lauchzwiebeln und Knoblauch zugeben und anbraten. Restliches Gemüse zufügen, kurz anschwitzen, mit Weißwein ablöschen, würzen und zugedeckt ca. 8 Minuten dünsten.

Spaghetti in Salzwasser „al dente" kochen. Auf einem Sieb abtropfen lassen und zum Gemüse geben. Petersilie und Steinpilze dazumischen. Backofen auf 190 Grad vorheizen.

Portionsförmchen buttern, Spaghetti einfüllen. Sahne mit Eiern, Salz und Pfeffer verquirlen, gewürfelten Mozzarella zugeben und über die Spaghetti verteilen. Im Backofen in 15 – 20 Minuten gratinieren.

Pilzlasagne

Zutaten

250 g Lasagneblätter,
500 g Champignons,
200 g Steinpilze, 1 Möhre,
75 g durchwachsener Speck,
1 Knoblauchzehe, feingehackt,
30 g Butter,
2 EL Petersilie, gehackt,
Salz, Pfeffer,
Butter für die Form,
250 g Mozzarella

Für die Béchamelsauce:
1 kleine Zwiebel, gehackt,
30 g Butter, 30 g Mehl,
1/4 l Vollmilch,
1/4 l Fleischbrühe, instant,
Salz, weißer Pfeffer, Muskat

Zubereitungszeit: 75 Minuten

EW	F	KH	kcal/kJ
14 g	25 g	50 g	491/2070

Wenn nötig, Lasagneblätter 5 Minuten vorkochen und auf Tüchern auslegen.

Pilze putzen und in Scheiben, Möhre schälen und in kleine Stifte schneiden. Speck würfeln, mit dem Gemüse und Knoblauch in heißer Butter andünsten. Petersilie zugeben und würzen.

Für die Béchamelsauce Zwiebel in heißer Butter andünsten, Mehl einrühren und hellgelb anschwitzen, heiße Milch und Fleischbrühe zufügen. Sauce abschmecken, aufkochen und abkühlen lassen.

In eine gebutterte Form abwechselnd Lasagneblätter, Béchamelsauce und Pilzmischung schichten und im vorgeheizten Backofen bei 200 Grad 25 Minuten garen. Die Lasagne aus dem Ofen nehmen, mit dem in Scheiben geschnittenen Mozzarella belegen und nochmals bei reduzierter Hitze in 10 Minuten überbacken.

Auflauf mit Auberginen und Salbei

Zutaten

300 g Auberginen,
Salz,
250 g Makkaroni,
4 EL Öl,
300 g Tomaten,
50 g Schalotten,
1/8 l Fleischbrühe, instant,
4 - 5 Salbeiblättchen,
Pfeffer,
100 g Parmesankäse, gerieben,
30 g Butter

Zubereitungszeit: 60 Minuten

EW	F	KH	kcal/kJ
19 g	30 g	50 g	547/2306

Auberginen waschen, in Scheiben schneiden, mit Salz bestreut 10 Minuten ziehen lassen.

Makkaroni in reichlich kochendem Salzwasser mit 1 EL Öl ca. 10 Minuten garen. In einem Sieb abtropfen lassen.

Tomaten mit kochendem Wasser übergießen und kalt abschrecken. Enthäuten, in Viertel oder Achtel teilen und Tomatenkerne entfernen.

Schalotten schälen, im restlichen Öl glasig dünsten. Darin die Auberginen portionsweise von jeder Seite ca. 3 Minuten braten. Fleischbrühe dazugeben. Mit Salbeiblättchen, Pfeffer und Salz würzen.

Abwechselnd Makkaroni, vorgegartes Gemüse, Tomatenstücke und die Hälfte des geriebenen Käses in eine gefettete Auflaufform schichten.

Restlichen Käse darüberstreuen und Butterflöckchen über dem Auflauf verteilen.

Im vorgeheizten Ofen bei 220 Grad 25 – 30 Minuten backen.

Lachs-Spinat-Lasagne

Zutaten

400 g Bandnudeln,
500 g Lachsfilet,
4 EL Sojasauce,
1 Knoblauchzehe

Für die Béchamelsauce:
50 g Butter,
70 g Mehl, 1 l Milch

Außerdem:
etwas Butter,
400 g TK-Blattspinat,
2 EL Sojasauce,
Salz, Pfeffer, Muskat,
125 g Mozzarella

Zubereitungszeit: 70 Minuten

EW	F	KH	kcal/kJ
49 g	39 g	40 g	728/3043

Bandnudeln nach Packungsanweisung bißfest garen.

Lachsfilet in nicht zu kleine Stücke schneiden, mit Sojasauce und der durchgepreßten Knoblauchzehe vermengen und 1 Stunde marinieren.

Für die Béchamelsauce Butter in einem Topf erhitzen, Mehl einrühren und hellgelb anschwitzen. Nach und nach Milch zugeben, mit einem Schneebesen gründlich verquirlen und 5 Minuten köcheln lassen.

Butter schmelzen, Spinat auf kleiner Flamme darin auftauen lassen. Nach Belieben mit Sojasauce, Salz, Pfeffer und Muskat abschmecken.

Abwechselnd Nudeln, Spinat und Lachs in eine Form schichten und über jede Schicht Béchamelsauce gießen.

Auf die letzte Schicht feingewürfelten Mozzarella geben. Im vorgeheizten Backofen bei 220 Grad ca. 20 Minuten überbacken.

Makkaroni mit Spinat und Fleischbällchen

Zutaten

300 g Spinat, 250 g Tomaten,
1 Zwiebel, 1 Knoblauchzehe,
300 g Makkaroni, Salz,
3 EL Olivenöl,
weißer Pfeffer aus der Mühle,
250 g Bratwurstmasse,
250 g Mozzarella,
40 g Butter

Zubereitungszeit: 75 Minuten

EW	F	KH	kcal/kJ
32 g	47 g	60 g	795/3343

Spinat putzen, harte Stiele entfernen, gründlich waschen und abtropfen lassen. Tomaten blanchieren, häuten, vierteln und entkernen. Die Viertel in größere Würfel schneiden. Zwiebel und Knoblauch schälen und fein hacken.

Makkaroni in reichlich Salzwasser nicht ganz weich kochen, dann gut abtropfen lassen.

Öl in einer Kasserolle erhitzen, Zwiebel und Knoblauch darin anschwitzen. Abgetropften Spinat zugeben und kurz mitschmoren. Salzen, pfeffern und Tomaten zufügen. Rohe Bratwürste ausdrücken, aus dieser Masse 20 Klößchen formen und in kochendem Salzwasser 5 Minuten ziehen lassen. Herausnehmen und abtropfen lassen. Mozzarella in Scheiben schneiden und mit den Nudeln und den Klößchen unter die Spinatmasse geben.

Eine feuerfeste Form mit etwas Butter ausstreichen, die Mischung hineingeben und mit Butterflocken belegen. Im vorgeheizten Backofen bei 200 Grad etwa 20 Minuten garen.

Herzhafter Auflauf mit Putenbrust (für 8 Personen)

Zutaten

500 g Spiralnudeln,
Salz,
etwas Fett für die Form,
400 g Champignons,
300 g TK-Erbsen,
2 rote Paprikaschoten,
500 g Putenbrust,
3 EL Öl, Pfeffer,
1 Bd. Petersilie,
250 g Crème fraîche,
250 g Allgäuer Emmentaler, gerieben

Zubereitungszeit: 90 Minuten

EW	F	KH	kcal/kJ
36 g	31 g	53 g	643/2705

Spiralnudeln in Salzwasser 5 Minuten kochen. Abgießen und gut abtropfen lassen. Inzwischen eine große Auflaufform fetten. Champignons putzen und in Scheiben schneiden. Mit den Erbsen unter die Nudeln mischen. Paprikaschoten waschen, entkernen und würfeln. Putenbrust waschen, trockentupfen und in mundgerechte Würfel schneiden.

Öl in einer Pfanne erhitzen und das Fleisch darin in 7 Minuten scharf anbraten, gelegentlich umrühren. Mit Salz und Pfeffer würzen. Paprika hinzufügen und 3 Minuten mitdünsten. Petersilie waschen, fein hacken und mit der Crème fraîche, dem Emmentaler und der Nudelmischung zum Fleisch geben. Alles kräftig mit Salz und Pfeffer abschmecken. Die gesamte Nudelmasse auf die Form verteilen und in den kalten Ofen stellen. Den Auflauf bei 200 Grad etwa 45 Minuten backen.

Gemüse – überbacken oder gratiniert

Kohlrabi-Kartoffel-Gratin

Zutaten

3 – 4 kleine Kohlrabi,
500 g Kartoffeln,
3 – 4 Zwiebeln,
150 g Salami,
etwas Fett für die Form,
200 g Allgäuer Emmentaler, gerieben,
Salz,
Pfeffer, frisch gemahlen,
250 ml Milch,
125 ml Schlagsahne,
2 Eier,
Paprika, edelsüß,
2 – 3 EL Paniermehl,
1 – 2 EL Butter

Zubereitungszeit: 70 Minuten

EW	F	KH	kcal/kJ
33 g	55 g	40 g	819/3434

Kohlrabi, Kartoffeln und Zwiebeln schälen. Gemüse und Salami in dünne Scheiben schneiden.

Eine flache Auflaufform ausfetten, die Zutaten abwechselnd einschichten, dabei Kohlrabi- und Kartoffelschichten jeweils mit etwas Käse bestreuen, salzen und pfeffern (die untere und die obere Schicht sollten aus Kartoffelscheiben bestehen).

Die Milch mit Sahne und den Eiern verquirlen, mit Salz und Paprika würzen, anschließend über den Auflauf gießen. Den restlichen Käse mit Paniermehl vermengen und über den Auflauf streuen. Butter in Flöckchen daraufsetzen.

Im vorgeheizten Backofen bei 200 Grad etwa 45 Minuten überbacken.

Den Auflauf nach etwa der Hälfte der Garzeit mit Pergamentpapier oder Alufolie abdecken, damit er nicht zu dunkel wird.

Toastauflauf

Zutaten

600 g TK-Rahmspinat, aufgetaut,
2 Eier,
Salz, Pfeffer,
12 Scheiben Toastbrot,
400 g Fleischwurst, gepellt,
500 g Strauchtomaten,
300 g Pfeffer-Tilsiter (Scheiben)

Zubereitungszeit: 60 Minuten

EW	F	KH	kcal/kJ
50 g	51 g	58 g	903/3794

Spinat mit Eiern vermengen, mit Salz und Pfeffer würzen. Toastbrot toasten. Wurst und Tomaten in Scheiben schneiden.

Toast, Käse, Wurst, Tomaten und Spinat abwechselnd in eine Auflaufform schichten. Würzen und mit Käse belegen. Bei 180 Grad 35 – 40 Minuten backen.

Kürbis-Gratin

Zutaten

500 g Kürbisfleisch,
1/4 l Cidre (oder Apfelsaft),
3 Scheiben frischer Ingwer,
1 Gewürznelke, Salz,
2 mittelgroße Zucchini,
15 g Butter,
Zitronenpfeffer,
60 g Sonnenblumenkerne,
Butter für die Förmchen,
200 g Crème fraîche,
4 Eigelb, weißer Pfeffer

Zubereitungszeit: 40 Minuten

EW	F	KH	kcal/kJ
10 g	35 g	19 g	440/1852

Kürbisfleisch in 1 cm große Würfel schneiden. Cidre mit 2 Ingwerscheiben, der Nelke und wenig Salz erhitzen. Den Kürbis darin in 5 – 10 Minuten bißfest garen. In einem Sieb abtropfen lassen, Nelke und Ingwer entfernen.

Die Zucchini waschen, in je vier gleich große Stücke schneiden. Die Stücke längs achteln. Butter erhitzen, Zucchini, 5 EL Wasser, Zitronenpfeffer und Salz dazugeben. 5 Minuten köcheln, abtropfen lassen. Die Sonnenblumenkerne ohne Fettzugabe rösten. Vier Gratinformen (Durchmesser 15 cm) ausbuttern. Den Backofen auf 225 Grad vorheizen.

Crème fraîche mit Eigelb, Pfeffer und Salz verrühren, die restliche Ingwerscheibe zerdrückt dazugeben. Kürbisstücke auf der einen Seite der Gratinform, Zucchinispalten, mit der Schale nach oben, auf der anderen Seite einschichten. Die Sonnenblumenkerne über das Gemüse geben und mit der Crème fraîche begießen. 15 Minuten auf mittlerer Einschubleiste gratinieren.

Auberginen-Auflauf

Zutaten

500 g Auberginen,
3 – 4 EL Sojasauce,
300 g Zwiebeln,
500 g Tomaten,
2 Scheiben Weizenmischbrot,
100 g Emmentaler in Scheiben,
1 EL Olivenöl für die Auflaufform,
je 2 EL Salbei und Thymian,
1/2 l saure Sahne (10 % Fett),
100 g Emmentaler, gerieben

Zubereitungszeit: 90 Minuten

EW	F	KH	kcal/kJ
25 g	32 g	30 g	520/2179

Auberginen waschen, den Stielansatz wegschneiden und in dünne Scheiben schneiden. In eine Schüssel geben und in der Sojasauce etwa 20 Minuten marinieren lassen.

Zwiebeln schälen und in dünne Ringe schneiden, Tomaten waschen und in Scheiben schneiden. Brot toasten, mit den Käsescheiben belegen, dann in eine mit Olivenöl ausgestrichene Auflaufform (4 l Inhalt) legen. Kräuter über die marinierten Auberginen streuen und abwechselnd mit Zwiebelringen und Tomaten in die Auflaufform schichten. Zum Schluß saure Sahne, geriebenen Käse und die Marinade über den Auflauf geben. Bei 200 Grad im Backofen etwa 50 – 60 Minuten garen.

Tomaten-Lauch-Auflauf

Zutaten

200 g Kartoffeln (vorwiegend festkochend),
Salz,
3 Stangen Lauch (ca. 750 g),
375 g Tomaten,
150 g Fleischwurst,
1/8 l Milch,
30 g Butter,
Pfeffer aus der Mühle,
1 Prise geriebene Muskatnuß,
200 g Deutscher Gouda (48 % Fett i.Tr.),
1 Bd. glatte Petersilie, 1 Ei,
etwas Butter für die Form

Zubereitungszeit: 60 Minuten

EW	F	KH	kcal/kJ
25 g	35 g	25 g	523/2187

Kartoffeln schälen und würfeln. In 1/8 l leicht gesalzenem Wasser ca. 10 Minuten weich kochen. Lauch putzen, waschen und in ca. 1 cm dicke Ringe schneiden. In Salzwasser 2 – 3 Minuten blanchieren. Auf ein Sieb geben und abtropfen lassen. Tomaten waschen und in Scheiben schneiden. Die Fleischwurst enthäuten und in dünne Scheiben schneiden.

Aus Kartoffeln, Milch, Butter und Kartoffelwasser ein flüssiges Püree herstellen. Mit Pfeffer und Muskat abschmecken. Gouda grob reiben. 2/3 unter die Kartoffelmasse rühren. Petersilie abspülen, trockentupfen und hakken. Petersilie und das Ei unter die Masse rühren. Den Lauch in eine leicht gebutterte Auflaufform geben. Tomaten und Fleischwurst dachziegelartig daraufschichten. Kartoffel-Käse-Sauce darübergießen.

Den Auflauf mit dem restlichen Käse bestreuen.

Im Backofen bei 225 Grad 25 – 30 Minuten backen.

Klassischer Kartoffelauflauf
(für 2 Personen)

Zutaten

1 Scheibe durchwachsener Speck (25 g),
250 g Kartoffeln,
100 g Frühlingszwiebeln,
1 Möhre,
150 g Joghurt (2,5 %),
1/4 l Milch,
1 Ei,
1 Bd. Schnittlauch,
3 gehäufte EL Klassische Mehlschwitze(hell),
Salz,
Pfeffer,
etwas Fett für die Form

Zum Bestreuen:
30 g Hartkäse, gerieben

Zubereitungszeit: 75 Minuten

EW	F	KH	kcal/kJ
16 g	33 g	45 g	569/2393

Speck in Würfel schneiden. Kartoffeln schälen, waschen und in feine Scheiben schneiden. Frühlingszwiebeln und Möhre putzen und waschen, Zwiebeln in Ringe schneiden. Möhre grob raffeln.

Joghurt, Milch und Ei mit einem Schneebesen verrühren. Feingeschnittenen Schnittlauch und Klassische Mehlschwitze einrühren. Salzen und pfeffern.

Speck, Kartoffeln und Gemüse abwechselnd in eine gefettete Auflaufform geben, die Ei-Milch-Mischung darübergießen und mit Käse bestreuen.

Auflauf im vorgeheizten Backofen bei 170 – 200 Grad ca. 50 - 60 Minuten backen.

Mein Tip
Dazu schmecken Salate der Saison.

Mozzarella-Tomaten-Gratin

Zutaten

3 Scheiben Toastbrot,
60 g Butter,
1/2 Bd. frisches Basilikum,
einige Zweige Thymian,
1/2 Bd. Petersilie,
3 Fleischtomaten (550 g),
250 g Mozzarella,
1 TL abgeriebene unbehandelte Zitronenschale,
Salz,
Pfeffer aus der Mühle

Zubereitungszeit: 30 Minuten

EW	F	KH	kcal/kJ
16 g	23 g	17 g	338/1414

Toastbrotscheiben mit 30 g Butter bestreichen. Bei 175 Grad im vorgeheizten Backofen knusprig backen.

Das Toastbrot abkühlen lassen und zerbröseln.

In der Zwischenzeit die Kräuter waschen, trockentupfen, Blätter von den Stielen zupfen und hacken. Tomaten waschen, Stielansatz herausschneiden.

Tomaten- und Mozzarella in Scheiben schneiden, mit Kräutern und Zitronenschale würzen und abwechselnd dachziegelartig in eine flache Form schichten. Salzen und pfeffern.

Anschließend mit der Bröselmischung bestreuen und Butterflocken darübergeben. Bei 200 Grad im Backofen 5 – 6 Minuten überbacken.

Zucchiniauflauf

Zutaten

500 g Zucchini,
Salz,
200 g Emmentaler Käse,
200 g Salami,
300 g Schlagsahne,
2 Eier,
Pfeffer,
Muskat, gerieben,
etwas Fett für die Form,
2 gehäufte EL Paniermehl,
30 g abgezogene Mandeln, gehackt,
20 g Butter

Zubereitungszeit: 60 Minuten

EW	F	KH	kcal/kJ
32 g	75 g	14 g	893/3744

Zucchini waschen (große Zucchini evtl. schälen, halbieren oder vierteln) und in 1 cm dicke Scheiben schneiden. In kochendes Salzwasser geben und etwa 5 Minuten köcheln lassen.

Die Zucchini auf einem Sieb abtropfen lassen.

Käse und Salami in kleine Würfel schneiden. Sahne und Eier verrühren, mit Pfeffer und Muskat abschmecken. Abgetropfte Zucchini, Käse und Salami in eine gefettete Auflaufform geben, die Eier-Sahne-Mischung darübergießen und mit Paniermehl und Mandeln bestreuen. Butter in Flöckchen daraufsetzen, im Backofen bei 175 – 200 Grad ca. 40 Minuten goldgelb backen.

Gemüseauflauf

Zutaten

500 g verschiedenes Gemüse,
3/4 l Fleischbrühe, instant,
1 Dose geschälte Tomaten,
250 g Crème fraîche mit Kräutern (30 %),
200 g Maisgrieß,
1 Bd. Petersilie, 2 Bananen,
frischgepreßter Zitronensaft,
3 Eier,
200 g Doppelrahmfrischkäse mit Kräutern,
50 g Sonnenblumenkerne,
Salz, Pfeffer,
Fett für die Form,
2 EL Paniermehl,
20 g Butterflöckchen

Zubereitungszeit: 2 Stunden, 20 Minuten

EW	F	KH	kcal/kJ
25 g	60 g	74 g	954/4011

Gemüse waschen und in Scheiben bzw. Ringe schneiden. Brühe zum Kochen bringen, Gemüse darin nacheinander bißfest garen. Herausheben, abtropfen lassen und locker vermengen. Tomaten auf einem Sieb abtropfen lassen, Saft auffangen. 125 g Crème fraîche darunterrühren, mit den Tomaten zum Gemüse geben.

1/2 l der verbliebenen Fleischbrühe abmessen, zum Kochen bringen, Maisgrieß unter Rühren einstreuen, kräftig aufkochen, zur Seite ziehen, 15 Minuten ausquellen und etwas abkühlen lassen.

Petersilie waschen, trockentupfen, grob hacken. Bananen in Scheiben schneiden, mit Zitronensaft beträufeln. Eier trennen. Eigelb mit 3 EL heißem Wasser schaumig schlagen, Doppelrahmfrischkäse, Crème fraîche und Petersilie darunterrühren, mit dem Maisgrieß gut vermengen, Sonnenblumenkerne dazugeben, mit Salz und Peffer abschmecken. Eiweiß zu sehr steifem Schnee schlagen, zusammen mit den Bananenscheiben unterheben.

Eine Auflaufform fetten, die Hälfte der Maisgrießmasse darüber verteilen, 1 EL Paniermehl darüberstreuen. Gemüse samt Tomaten und Sauce daraufgeben, mit der restlichen Maisgrießmasse abschließen. Nochmals mit Paniermehl bestreuen und mit Butterflöckchen belegen.

Den Auflauf im vorgeheizten Backofen bei 220 Grad 60 – 70 Minuten backen.

Spargelauflauf

Zutaten

300 g Spiralnudeln,
250 g Brokkoli,
Salz,
1 TL Butter,
Muskat,
Zitronensaft,
1 Prise Zucker,
je 125 g grüner und weißer Bruchspargel,
150 g gekochter Schinken,
Fett und Paniermehl für die Auflaufform,
200 g Kräuterfrischkäse

Zubereitungszeit: 50 Minuten

EW	F	KH	kcal/kJ
27 g	28 g	64 g	610/2566

Nudeln nach Packungsanweisung bißfest garen.

Den geputzten Brokkoli in kleine Röschen teilen, größere Stiele würfeln und alles in Salzwasser etwa 3 Minuten blanchieren.

In einem Topf etwa fingerbreit Wasser mit Butter, Salz, Muskat, einigen Tropfen Zitronensaft und Zucker zum Kochen bringen. Die geschälten Spargelstücke im kochenden Sud ca. 10 Minuten bißfest garen.

Spargel auf ein Sieb geben, den Sud auffangen. Gekochten Schinken fein würfeln. Den Backofen auf 200 Grad vorheizen.

Eine Auflaufform einfetten, mit Paniermehl ausstreuen. Nudeln mit den Schinkenwürfeln vermischen, in die Form geben.

Brokkoliröschen, -würfel und Spargelstückchen dekorativ auf den Nudeln verteilen und etwas andrücken.

Frischkäse mit 120 ml Spargelsud glattrühren, über den Auflauf gießen und im Backofen etwa 15 Minuten überbacken.

Kartoffel-Lauch-Gratin

Zutaten

750 g Kartoffeln,
Butter für die Form,
150 g Lauch,
gewaschen und ca. 10 Minuten gekocht,
150 g Sahne,
1 Ei,
50 g Milch,
Meersalz, Pfeffer,
Muskat,
50 g Emmentaler

Zubereitung: 30 Minuten

EW	F	KH	kcal/kJ
10 g	12 g	32 g	288/1206

Geschälte Kartoffeln kochen, in Scheiben schneiden und in eine gebutterte Form legen. Gekochten Lauch längs halbieren und die Hälften in mundgerechte Stücke schneiden. Lauch gleichmäßig über die Kartoffeln geben.

Sahne mit dem Ei und der Milch gut verquirlen, mit Salz, Pfeffer und Muskat würzen.

Emmentaler reiben, zur Eiersahne geben und die Masse über das Gemüse gießen.

Gratin im vorgeheizten Backofen bei 220 Grad ca. 10 – 15 Minuten überbacken.

Mein Tip
Die Kartoffeln und der Lauch können für einen Auflauf auch roh verwendet werden. Dadurch erhöht sich die Backzeit um ca. 1 Stunde.
Der Gemüsegeschmack wird bei dieser Art der Zubereitung noch intensiver.

Champignon-Zucchini-Auflauf

Zutaten

4 kleine Zucchini,
1 rote Paprikaschote,
300 g Champignons,
etwas Fett zum Anschwitzen und Einfetten,
100 g mittelalter Gouda, gerieben

Für die Eiermilch:
1 Topf Basilikum,
4 Eier,
1/4 l Milch,
150 g Crème fraîche,
1 Knoblauchzehe,
Salz, Pfeffer,
Muskat

Zubereitungszeit: 45 Minuten

EW	F	KH	kcal/kJ
22 g	36 g	17 g	480/2018

Zucchini waschen, Stielende entfernen, längs in 1/2 cm dicke Scheiben schneiden. Paprika putzen, Stielende und Kerngehäuse entfernen, in dünne Streifen schneiden. Champignons trocken abreiben und in dicke Scheiben schneiden. In einer Pfanne mit wenig Fett die Champignons kurz anschwitzen, ebenso die Zucchinischeiben.

Basilikumblätter in feine Streifen schneiden. Eier mit Milch und Crème fraîche kräftig verschlagen, mit zerdrücktem Knoblauch, Salz, Pfeffer, und Muskat nach Belieben würzen. Zuletzt Basilikumstreifen unterrühren.

Eine Auflaufform einfetten und Champignons, Zucchini und Paprika abwechselnd einschichten. Die Eiermilch darübergeben und mit dem geriebenen Käse bestreuen. Im vorgeheizten Backofen bei 200 Grad ca. 30 Minuten backen.

Aufläufe & Gratins mit Fleisch

Moussaka
(für 2 – 3 Personen)

Zutaten

500 g Auberginen,
1 Zwiebel, 3 – 4 EL Maiskeimöl,
250 g Rinderhackfleisch,
1 Knoblauchzehe,
1/2 Packung Tomatenstückchen mit Kräutern (180 g),
Salz, Pfeffer, Thymian, Oregano,
Fett für die Form,
25 g Parmesan, frisch gerieben

Für die Béchamelsauce:
1/4 l Milch,
2 1/2 gehäufte EL Klassische Mehlschwitze, hell,
1 Eigelb, Salz, Pfeffer

Zubereitungszeit: 90 Minuten

EW	F	KH	kcal/kJ
34 g	54 g	30 g	876/3254

Auberginen waschen und längs in 1 cm dicke Scheiben schneiden. Zwiebel schälen und fein würfeln. Auberginenscheiben in heißem Keimöl goldgelb braten und herausnehmen. Zwiebel im restlichen Öl andünsten. Hackfleisch dazugeben und kräftig anbraten. Durchgepreßte Knoblauchzehe und Kräutertomaten hinzufügen. Mit Gewürzen abschmecken.
Auberginen, Hackfleischmasse und wieder Auberginen in eine gefettete Auflaufform geben, dabei jede Schicht mit etwas Parmesan bestreuen.

Für die Sauce Milch aufkochen, Mehlschwitze mit dem Schneebesen einrühren und 1 Minute kochen lassen. Eigelb darunterziehen und mit Salz und Pfeffer abschmecken.

Béchamelsauce über den Auflauf geben, im vorgeheizten Backofen bei 175 – 200 Grad etwa 60 Minuten backen.

Kartoffel-Birnen-Auflauf
(für 3 Personen)

Zutaten

450 g Kartoffeln,
50 g gekochter Schinken,
3 Birnen,
Fett für die Form,
Salz, Pfeffer

Für die Sauce:
1/4 l Milch,
25 g Klassische Mehlschwitze, hell,
Salz, Pfeffer,
75 g Gorgonzola-Käse, in Würfel geschnitten

Zubereitungszeit: 70 Minuten

EW	F	KH	kcal/kJ
15 g	18 g	51 g	435/1830

Kartoffeln schälen, waschen und in dünne Scheiben schneiden. Schinken würfeln. Birnen schälen, vom Kerngehäuse befreien und in Achtel schneiden. In eine gefettete Auflaufform (26 cm Durchmesser) eine Schicht Kartoffeln legen und mit Salz und Pfeffer bestreuen. Schinken darübergeben und mit den restlichen Kartoffeln belegen. Salzen und pfeffern. Birnenachtel kranzförmig darauf verteilen.

Für die Sauce Milch aufkochen, Mehlschwitze mit dem Schneebesen einrühren und 1 Minute kochen lassen. Mit Salz und Pfeffer abschmecken. Gorgonzola dazugeben und unter Rühren schmelzen lassen. Sauce über die Birnen geben.

Kartoffel-Birnenauflauf im vorgeheizten Backofen bei 200 Grad etwa 40 Minuten backen.

Hähnchenauflauf mit Salbei

Zutaten

4 Hähnchenbrustfilets,
2 Scheiben roher Schinken,
2 Scheiben Gouda-Käse,
Salz,
Pfeffer aus der Mühle,
1 EL Olivenöl,
40 g Butter,
20 g Mehl,
1/8 l Geflügelfond oder Hühnerbrühe, instant,
1/8 l Sahne,
4 Scheiben Baguette oder Toast,
2 Knoblauchzehen,
100 g Appenzeller-Käse, gerieben,
8 – 12 Salbeiblätter

Zubereitungszeit: 45 Minuten

EW	F	KH	kcal/kJ
42 g	40 g	22 g	632/2653

In die Filets eine Tasche schneiden, jeweils mit 1/2 Scheibe Schinken und Gouda füllen. Salzen, pfeffern und von allen Seiten in heißem Olivenöl kurz anbraten. Aus der Pfanne nehmen.

30 g Butter im Bratfett schmelzen, Mehl unterrühren und anschwitzen. Mit Geflügelfond und Sahne auffüllen und 15 Minuten zugedeckt bei schwacher Hitze kochen.

Inzwischen den Backofen auf 225 Grad vorheizen.

Das Brot im Toaster oder Backofen goldbraun rösten. Knoblauch in dünne Scheiben schneiden. Die Brotscheiben in eine große feuerfeste Form legen und das Fleisch darauflegen. Die Hälfte vom geriebenen Appenzeller unter die Sauce rühren, mit Salz abschmecken und löffelweise über das Fleisch geben. Mit dem restlichen Käse bestreuen.

Den Auflauf auf der zweiten Einschubleiste von oben 10 Minuten überbacken. Inzwischen die Knoblauchscheiben und den Salbei in der restlichen Butter anbraten. Vor dem Servieren über das Fleisch verteilen.

Lamm-Kartoffelkuchen

Zutaten

Für den Kartoffelteig:
2 kg Kartoffeln, mehligkochend,
Salz, weißer Pfeffer,
2 Zweige Thymian,
125 g Grünkernmehl, 3 Eier

Für die Fleisch-Gemüse-mischung:
700 g Zucchini,
2 rote Paprikaschoten,
3 Zwiebeln, 3 EL Öl,
500 g Lammhackfleisch,
2 Knoblauchzehen, gehackt,
500 g Tomaten,
3 Zweige Thymian,
4 Zweige Oregano,
1 Prise Cayennepfeffer

Außerdem:
5 EL Öl,
450 g Mozzarella in Scheiben

Zubereitungszeit: 90 Minuten

EW	F	KH	kcal/kJ
65 g	75 g	117 g	1426/5977

Kartoffeln schälen, reiben, in einem sauberen Küchentuch ausdrücken. Mit Salz, Pfeffer und gehacktem Thymian würzen. Grünkernmehl und Eier dazurühren.

Zucchini, Paprika, Zwiebeln zerkleinern und in Öl anbraten. Fleisch und Knoblauch hinzufügen und ebenfalls anbraten.

Tomaten blanchieren, häuten, würfeln und zur Fleischmischung hinzugeben. Mit gehacktem Thymian, Oregano und Cayennepfeffer würzen, noch 5 Minuten köcheln lassen.

Eine Auflaufform mit 4 EL Öl einfetten, darin den Kartoffelteig verteilen und bei 250 Grad 10 - 15 Minuten vorbacken.

Lamm-Gemüse-Mischung darübergeben, mit Mozzarellascheiben belegen. Restliches Öl darüberträufeln und bei 200 Grad 30 bis 35 Minuten backen.

Heiß servieren.

Gedeckter Fleisch-Gemüse-kuchen

Zutaten

Für den Teig:
200 g Mehl, 1/2 TL Salz,
150 g kalte Butter

Für die Füllung:
200 g Rinderfilet,
200 g Zwiebeln, 250 g Tomaten,
2 EL Öl, Salz,
Paprika, rosenscharf,
1/2 l Fleischbrühe, instant,
150 g Bohnen, 200 g Möhren,
200 g Pilze, 150 g TK-Erbsen,
1/4 l Sahne,
2 EL Mehl,
Fett für die Form, 1 Eigelb

Zubereitungszeit:
2 Stunden, 30 Minuten

EW	F	KH	kcal/kJ
23 g	64 g	57 g	923/3868

Mehl, Salz und Butter mit 4 EL Eiswasser zu einem Mürbeteig verarbeiten, kalt stellen.

Rindfleisch in große, Zwiebeln in kleine Würfel schneiden. Tomaten blanchieren, häuten und zerkleinern. Fleisch in heißem Öl anbraten, mit Zwiebeln und Tomaten 10 Minuten schmoren. Salz, Paprika, Brühe hinzufügen, 45 Minuten köcheln lassen.

Inzwischen das Gemüse säubern, in mundgerechte Stücke schneiden und mit den Erbsen in Salzwasser gar kochen. Auf einem Sieb abtropfen lassen.

Sahne und Mehl verrühren, Fleischsauce damit binden und mit dem abgetropften Gemüse vermengen.

Teig ausrollen, Deckel und Streifen als Rand ausschneiden. Eine gefettete Auflaufform mit dem Rand auskleiden, Füllung hineingeben, Deckel darauflegen. In der Mitte einschneiden, Ecken nach außen biegen. Mit Teigresten verzieren und mit Eigelb bestreichen. 1 Stunde bei 200 Grad im vorgeheizten Ofen backen.

Gemüse-Gratin mit Schweinefilet

Zutaten

400 g Schweinefilet,
2 EL Butterschmalz,
Salz, Pfeffer,
250 g Möhren, 500 g Kartoffeln,
250 g Champignons,
100 g Deutscher Butterkäse,
1 Becher Sahne,
2 Eier, 1 Prise Muskatnuß,
Petersilie zum Bestreuen

Zubereitungszeit:
1 Stunde, 45 Minuten

EW	F	KH	kcal/kJ
33 g	44 g	24 g	658/2755

Fleisch kurz waschen und trockentupfen. Butterschmalz in einer Pfanne erhitzen. Fleisch rundherum kräftig anbraten und 5 Minuten bei niedriger Temperatur weiterbraten. Herausnehmen, mit Salz und Pfeffer würzen und etwas ruhen lassen.

Möhren und Kartoffeln schälen, waschen und in dünne Scheiben schneiden. Champignons putzen, waschen und in dickere Scheiben schneiden.

Käse fein reiben. Sahne und Eier verrühren. Mit Salz, Pfeffer und Muskat würzen. 3/4 des Käses in die Eiermilch rühren. Fleisch in Scheiben schneiden.

Fleisch- und Gemüsescheiben dekorativ in eine Auflaufform schichten. Eiermilch darübergießen, mit Alufolie abdecken. Im vorgeheizten Backofen bei 200 Grad 40 Minuten backen. Folie abnehmen, den restlichen Käse über den Auflauf geben und weitere 20 Minuten backen. Mit gehackter Petersilie bestreuen und in der Form servieren.

Rosenkohlauflauf
(für 4 – 6 Personen)

Zutaten

1 Packung (3 Tütchen) „Heiße Tasse" Gemüse-Cremesuppe,
4 Eier,
Salz, Pfeffer,
Majoran,
300 g TK- oder frischer Rosenkohl,
1 Gemüsezwiebel,
1 EL Öl zum Braten,
300 g Rinderhackfleisch,
40 g Margarine für die Form,
ca. 12 EL vorbereitetes Kartoffelpüree, instant,
50 g Speckwürfel,
2 EL Paniermehl

Zubereitungszeit: 90 Minuten

EW	F	KH	kcal/kJ
21 g	37 g	14 g	494/2068

Gemüse-Cremesuppe nach Anweisung zubereiten, die verquirlten Eier dazugeben und mit Salz, Pfeffer und Majoran würzen.

Rosenkohl auftauen lassen, bzw. frischen Rosenkohl putzen, waschen, Stielenden überkreuz einschneiden und in kochendem Salzwasser ca. 10 Minuten leise köcheln. Abtropfen lassen. Gemüsezwiebel schälen und würfeln.

In einer Pfanne Öl erhitzen. Rinderhackfleisch und Zwiebelwürfel darin anbraten und herzhaft abschmecken.

Eine Auflaufform mit Margarine ausstreichen, Kartoffelpüree gleichmäßig darin verteilen, Rinderhackfleisch und Zwiebeln darauf geben und leicht andrücken. Darüber den Rosenkohl schichten und mit Gemüsecreme begießen. Mit Speckwürfeln und Paniermehl bestreuen.

Im vorgeheizten Backofen bei 180 Grad ca. 45 Minuten backen.

Backofen-geheimnis

Zutaten

1 Dose geschälte Tomaten (800 g),
1 Knoblauchzehe,
4 EL Olivenöl,
1 Bd. Basilikum,
Salz, grober Pfeffer, Zucker,
350 g Gemüsezwiebeln,
je 1 rote und grüne Paprikaschote,
1 Aubergine,
Muskatnuß, gerieben,
600 g Schweinefilet,
2 EL Butter,
300 g Schnittkäse, gerieben

Zubereitungszeit: 50 Minuten

EW	F	KH	kcal/kJ
52 g	61 g	25 g	865/3622

Tomaten abtropfen lassen, Saft auffangen und Tomaten grob würfeln. Knoblauchzehe schälen und fein hacken. 1 EL Öl erhitzen, Knoblauch darin glasig dünsten, Tomatenwürfel zufügen und bei mittlerer Hitze etwas einkochen lassen. Basilikum waschen, trokkentupfen, Blätter von den Stielen zupfen, hacken, unter die Sauce mischen und abschmecken.

Zwiebeln schälen, halbieren, in dünne Scheiben schneiden. Paprikaschoten halbieren, mit der Aubergine putzen und waschen. Paprika in feine Streifen, Aubergine in dünne Scheiben schneiden. Restliches Öl erhitzen, Zwiebelscheiben darin glasig dünsten. Paprika und Aubergine zufügen, dünsten, bis keine Flüssigkeit mehr vorhanden ist, und mit Salz, Pfeffer und Muskatnuß abschmecken.

Schweinefilet in 1 cm dicke Medaillons schneiden. Butter erhitzen, Medaillons darin anbraten, salzen und pfeffern. Gemüse in eine feuerfeste Form geben, Medaillons darauf verteilen und mit Tomatensauce bestreichen. Käse über den Auflauf streuen und im vorgeheizten Backofen bei 200 Grad ca. 20 Minuten überbacken. Eventuell mit Basilikum garniert servieren.

Bunter Auflauf
(für 4 – 6 Personen)

Zutaten

je 100 g gelbe und grüne Bandnudeln, Salz,
1 EL Speiseöl,
750 g Fleischtomaten,
250 g gekochter Schinken (im Stück), 3 Eier,
150 g Crème fraîche,
4 EL Milch, Pfeffer,
1 Bd. Schnittlauch,
1/2 Bd. glatte Petersilie,
Fett für die Form

Für den Kräuterquark:
400 g Magerquark,
6 EL gemischte Kräuter, gehackt,
3 - 4 EL Sahne

Zubereitungszeit: 75 Minuten

EW	F	KH	kcal/kJ
23 g	28 g	36 g	504/2117

Bandnudeln in kochendem Salzwasser mit Öl bißfest garen und auf einem Sieb abtropfen lassen.

Tomaten kurz blanchieren, abschrecken, enthäuten und in Scheiben schneiden. Schinken würfeln, mit Eiern, Crème fraîche und Milch verrühren. Salzen und pfeffern. Kräuter fein schneiden oder hacken.

Eine Auflaufform ausfetten, eine Schicht Tomatenscheiben hineinlegen, mit Salz, Pfeffer, etwas Schnittlauch und Petersilie bestreuen. Die Hälfte der Schinkenwürfel, Nudeln und restliche Tomaten einschichten. Mit Kräutern bestreuen und die restliche Eier-Schinken-Mischung darübergeben. Etwas glattstreichen und im vorgeheizten Backofen bei 200 Grad ca. 40 Minuten backen.

Inzwischen Quark mit den gehackten Kräutern und der Sahne verrühren, auf den fertigen Auflauf geben oder extra dazureichen.

Rosenkohlauflauf mit Kasseler

Zutaten

700 g Rosenkohl, Salz,
600 g Kartoffeln,
200 g Kasseler,
Fett für die Form,
4 Eier,
1 Becher Sahne (200 g),
Pfeffer, 1/2 TL Currypulver,
etwas Muskat,
200 g Hartkäse, gerieben

Zubereitungszeit: 60 Minuten

EW	F	KH	kcal/kJ
42 g	49 g	32 g	767/3215

Rosenkohl putzen, waschen, den Strunk kreuzweise einschneiden und in wenig Salzwasser ca. 20 Minuten dünsten. Kartoffeln schälen, waschen, in Stücke schneiden, in Salzwasser garen. Nach der Garzeit Rosenkohl und Kartoffeln abgießen und abtropfen lassen. Kasseler in Streifen schneiden. Rosenkohl, Kartoffeln und Kasseler in eine gefettete Auflaufform schichten. Eier und Sahne verquirlen, mit Salz, Pfeffer, Currypulver und Muskat würzen und über den Auflauf gießen. Käse darüberstreuen und im vorgeheizten Backofen bei 200 Grad ca. 30 Minuten garen.

Shepherd´s Pie

Zutaten

3 Zwiebeln,
1 Knoblauchzehe,
2 EL Butter,
500 g Lammhackfleisch,
1 EL Mehl,
300 ml Brühe, instant,
2 EL Tomatenmark,
2 EL Worcestersauce,
2 TL Weinessig,
Thymian,
Salz,
Pfeffer,
Cayennepfeffer,
1 kg Kartoffeln,
Fett für die Form,
2 EL Parmesan, gerieben

Zubereitungszeit:
1 Stunde, 15 Minuten

EW	F	KH	kcal/kJ
29 g	31 g	45 g	602/2522

Zwiebeln und Knoblauchzehe schälen und fein würfeln. Butter erhitzen, Hackfleisch und Zwiebelwürfel darin bräunen. Mehl unterrühren, Brühe aufgießen, mit Knoblauch, Tomatenmark, Worcestersauce, Essig, Thymian, Salz, Pfeffer und Cayennepfeffer abschmecken und ca. 15 Minuten köcheln lassen.

Kartoffeln schälen, in kleine Würfel schneiden, in reichlich Salzwasser ca. 10 Minuten knapp gar kochen, abgießen und gut abtropfen lassen. Fleischmasse in eine gefettete Form verteilen, mit Kartoffelwürfeln bedecken und mit Parmesan bestreuen. Auflauf im vorgeheizten Backofen bei 200 Grad ca. 30 Minuten backen.

Birnen im Teig

Zutaten

1 große Dose Birnenhälften,
3 mittelgroße Eier,
125 g Zucker, 150 g Butter,
125 g Instant Flocken,
150 g Mehl, Type 405,
1/2 Päckchen Backpulver,
300 g durchwachsener Speck,
Fett und Haferflocken (zart) für dic Form,
1 TL Speisestärke,
etwas Zitronensaft

Zubereitungszeit: 90 Minuten

EW	F	KH	kcal/kJ
17 g	107 g	105 g	1483/6219

Birnenhälften abtropfen lassen und den Saft auffangen.

Eier, Zucker und Butter mit einem Mixer schaumig schlagen. Instant Flocken, Mehl und Backpulver vermischen, zur Schaummasse geben und unterrühren.

Speck in sehr dünne Scheiben schneiden und eine gefettete und mit Haferflocken ausgestreute Auflaufform mit einem Teil der Speckscheiben belegen (den Rand nicht vergessen). Den Teig in die Auflaufform füllen, 6 Birnenhälften halbieren, in den Teig drücken und den Auflauf mit den restlichen Speckscheiben belegen. Im vorgeheizten Backofen bei 180 - 190 Grad auf der mittleren Einschubleiste ca. 60 Minuten backen.

Inzwischen die restlichen Birnenhälften in kleine Stücke zerteilen und zusammen mit dem aufgefangenen Saft und eventuell etwas Wasser (insgesamt 1/2 l) aufkochen lassen. Die Sauce mit Speisestärke nach Packungsanweisung binden. Mit etwas Zitronensaft abschmecken und kalt oder warm zu dem Birnenauflauf servieren.

Fischgratins

Gratin mit Meeresfrüchten

Zutaten

500 g TK-Meeresfrüchte,
2 EL Olivenöl,
2 Knoblauchzehen,
4 Zweige Oregano,
12 grüne Oliven,
1 kg Kartoffeln, 2 Tomaten,
200 ml Sahne,
200 ml Milch,
6 EL Sojasauce,
Muskat, Pfeffer,
50 g Reibkäse

Zubereitungszeit: 60 Minuten

EW	F	KH	kcal/kJ
30 g	31 g	44 g	592/2480

Meeresfrüchte auftauen lassen, in Öl mit durchgepreßtem Knoblauch, Oreganoblättchen und Oliven anschwitzen. Kartoffeln schälen und in sehr feine Scheiben, Tomaten in dickere Scheiben schneiden. Sahne, Milch und Sojasauce vermengen und mit Muskat und Pfeffer abschmecken. In eine Gratinform die Hälfte der Kartoffelscheiben schichten, dann nacheinander Tomaten und Meeresfrüchte daraufgeben. Alles mit einer weiteren Schicht Kartoffeln bedecken, Sahnemilch darübergießen und mit geriebenem Käse bestreuen.

Das Gratin bei 220 Grad auf der mittleren Schiene ca. 30 Minuten backen.

Nudel-Garnelen-Topf

Zutaten

400 g süße Sahne,
1 EL Tomatenmark,
250 g breite Bandnudeln,
Salz,
250 g Garnelen, tiefgekühlt,
250 g Champignons,
1 EL Zitronensaft,
1 Zwiebel,
50 g Butter,
Muskatnuß, gerieben,
Pfeffer,
80 g Greyerzer-Käse, gerieben

Zubereitungszeit: 50 Minuten

EW	F	KH	kcal/kJ
24 g	43 g	51 g	782/3289

Sahne mit Tomatenmark im offenen Topf bei starker Hitze einkochen. Nudeln in etwa 2 cm lange Stücke brechen, in reichlich Salzwasser bißfest kochen, auf einem Sieb abschrecken und gut abtropfen lassen.

Garnelen heiß abbrausen, trockentupfen. Champignons putzen, in dünne Scheiben schneiden, mit Zitronensaft vermischen. Zwiebel schälen, fein würfeln, in Butter glasig braten. Champignons und Garnelen hinzufügen, unter Rühren 3 Minuten dünsten.

Nudeln und Garnelenmischung lagenweise in eine hohe, feuerfeste Form schichten. Sahne kräftig mit Salz, Muskat und Pfeffer würzen, darübergießen.

Mit Käse bestreut im 200 Grad heißen Ofen etwa 15 Minuten überbacken.

Heilbuttfilet mit Kartoffelkruste

Zutaten

700 g mittelgroße Kartoffeln,
Salz,
4 Heilbuttfilets (à 175 g),
weißer Pfeffer,
2 EL Olivenöl, extra,
2 EL Senf, mittelscharf,
100 ml Milch,
1/2 Becher Sahne (100 g),
125 g Weichkäse mit Blauschimmel,
Zitronensaft

Zubereitungszeit: 60 Minuten

EW	F	KH	kcal/kJ
46 g	26 g	28 g	549/2301

Kartoffeln schälen, waschen, in dünne Scheiben schneiden und in kochendem Salzwasser ca. 5 Minuten garen. Heilbuttfilets kalt abspülen, trockentupfen und mit Salz und Pfeffer würzen. Filets nebeneinander auf ein leicht gefettetes Backblech legen und mit Senf bestreichen.

Einen Teil der Kartoffelscheiben schuppenartig auf den Heilbuttfilets verteilen, nochmals leicht salzen, mit dem restlichen Öl beträufeln.

Im vorgeheizten Backofen bei 200 Grad ca. 15 Minuten backen.

Inzwischen die restlichen Kartoffelscheiben durch eine Presse in einen Topf drücken, mit Milch und Sahne verrühren und kurz aufkochen lassen.

Weichkäse entrinden und in der Kartoffelsauce unter Rühren auflösen. Mit Salz, Pfeffer und Zitronensaft abschmecken. Heilbuttfilets mit Kartoffel-Käse-Sauce servieren.

Dazu schmeckt gedünstetes Gemüse, z. B. Zuckerschoten.

Kabeljau mit Apfel-Sahne-Haube

Zutaten

2 Kabeljaufilets, à 200 g,
Salz,
1 EL Zitronensaft,
1/4 l trockener Weißwein,
1 Knoblauchzehe,
2 EL Butter für die Form,
1 Becher süße Sahne,
2 Eier, getrennt,
3 kleine, leicht säuerliche Äpfel,
1 Zwiebel,
150 g roher Schinken,
150 g Nordseekrabben,
100 g Emmentaler, gerieben,
1 TL Paprika, edelsüß,
Pfeffer

Zubereitungszeit: 60 Minuten
Marinierzeit: 2 Stunden

EW	F	KH	kcal/kJ
43 g	45 g	16 g	699/2933

Kabeljaufilets waschen, trockentupfen, salzen und in eine Schüssel legen. Mit Zitronensaft und etwas Weißwein beträufeln. Zugedeckt etwa 2 Stunden ziehen lassen.

Eine ofenfeste Form mit einer halbierten Knoblauchzehe ausreiben und mit Butter einfetten. Kabeljaufilets hineinlegen, restlichen Wein aufgießen. Sahne sowie Eiweiß steif schlagen. Äpfel schälen, vierteln, entkernen und würfeln, Zwiebel und Schinken fein würfeln. Die Apfel-, Zwiebel- und Schinkenwürfel mit Nordseekrabben, Eigelb und Käse unter die Sahne heben. Mit Paprika, Salz und Pfeffer abschmecken, Eiweiß unterziehen.

Die Masse auf den Kabeljaufilets verteilen. Im vorgeheizten Backofen bei 225 Grad auf der mittleren Schiene 25 – 30 Minuten überbacken.

Blumenkohlauflauf mit Lachs

Zutaten

6 Kartoffeln,
1 Blumenkohl,
300 g Brokkoli,
1 Würfel Klare Suppe mit Suppengrün, instant,
400 g Lachsfilet,
1/4 l süße Sahne,
3 EL Butter,
5 EL Paniermehl

Zubereitungszeit: 70 Minuten

EW	F	KH	kcal/kJ
29 g	42 g	33 g	656/2745

Kartoffeln schälen, würfeln. Blumenkohl und Brokkoli putzen, waschen, in kleine Röschen teilen. 1 l Wasser zum Kochen bringen, 1/2 Brühwürfel darin auflösen. Blumenkohl und Kartoffeln hinzufügen, 10 Minuten kochen. Brokkoli dazugeben und weitere 5 Minuten kochen. Abgießen, dabei die Kochflüssigkeit auffangen.

Lachsfilet in Würfel schneiden, mit dem Gemüse mischen, in eine Auflaufform schichten. 1/2 l der Kochflüssigkeit zum Kochen bringen und restlichen halben Brühwürfel darin auflösen, süße Sahne zugeben und über den Auflauf gießen. In heißer Butter das Paniermehl etwas anbräunen, ebenfalls über den Auflauf geben. Im Backofen bei 200 Grad ca. 25 Minuten backen.

Rotbarschfilet mit Erbsenreis

Zutaten

125 g Vollkornreis,
Salz, 125 g TK-Erbsen,
600 g TK-Rotbarschfilet,
1/8 l trockener Weißwein,
1/2 TL weiße Pfefferkörner,
1 Bd. Suppengrün,
50 g Butter,
Fett für die Form,
1/8 l süße Sahne,
1/8 l Milch,
100 g Appenzeller, gerieben,
50 g Gorgonzola,
2 Bd. Basilikum, gehackt,
Pfeffer,
1 EL Paniermehl

Zubereitungszeit: 50 Minuten

EW	F	KH	kcal/kJ
44 g	41 g	33 g	702/2953

Reis in Salzwasser körnig kochen, abschrecken, abtropfen. Erbsen garen, ebenfalls abschrecken und abtropfen.

Rotbarschfilets antauen, in 3 cm große Würfel schneiden, im siedenden Wein mit Pfefferkörnern und Suppengrün 3 Minuten ziehen lassen, Fisch herausheben und abtropfen lassen.

Reis in 25 g Butter goldgelb braten, die Erbsen unterrühren und alles in eine gefettete, feuerfeste Form schichten. Fischstücke darauf verteilen.

Sahne und Milch erhitzen, den Käse (bis auf 2 EL Appenzeller) darin schmelzen. Mit Basilikum und Pfeffer herzhaft würzen, über den Fisch gießen. Paniermehl mit restlichem Käse mischen, über den Auflauf streuen und mit Butterflöckchen belegen.

Im vorgeheizten Backofen bei 220 Grad etwa 15 Minuten überbacken.

Lachsforellenfilets, gratiniert

Zutaten

500 g Kartoffeln,
Salz,
4 Lachsforellenfilets à 160 g,
2 EL Zitronensaft,
Cayennepfeffer,
4 Strauchtomaten,
1/2 Bd. Basilikum,
300 g Deutscher Camembert,
1/4 l süße Sahne,
Butter für die Form

Zubereitungszeit: 80 Minuten

EW	F	KH	kcal/kJ
50 g	42 g	22 g	694/2902

Kartoffeln waschen und mit der Schale in Salzwasser ca. 20 Minuten kochen.

Die Fischfilets unter kaltem Wasser abspülen, trockentupfen und mit Zitronensaft, Salz und Cayennepfeffer würzen. Tomaten in Scheiben schneiden, Basilikum grob hacken. Camembert in 1/2 cm dicke Scheiben schneiden, Sahne mit Salz und Cayennepfeffer abschmecken.

Eine Auflaufform mit Butter ausfetten. Kartoffeln schälen und in 1/2 cm breite Scheiben schneiden. Kartoffel-, Tomaten- und die Hälfte der Camembertscheiben abwechselnd in die Form einschichten. Eine Rinne freilassen und die leicht eingerollten Filets darin locker einlegen. Gewürzte Sahne über alle Zutaten gießen und mit Basilikum bestreuen. Den Auflauf mit den restlichen Camembertscheiben belegen.

Im vorgeheizten Ofen bei 180 Grad ca. 25 – 30 Minuten goldgelb backen.

Dazu passen Salate der Saison.

Matjesgratin
(für 2 Personen)

Zutaten

3 kleine Äpfel (z.B. Cox Orange),
Saft von 1/2 Zitrone,
4 mittelgroße Kartoffeln,
1 Gemüsezwiebel,
3 EL Butter,
2 Packungen Räucher-Matjesfilets à 125 g,
1 Becher Sahne (200 g),
Pfeffer,
1 EL Paniermehl

Zubereitungszeit: 60 Minuten

EW	F	KH	kcal/kJ
26 g	77 g	18 g	343/1439

Äpfel schälen, Kerngehäuse entfernen, in Scheiben schneiden und mit Zitronensaft beträufeln. Kartoffeln und Zwiebel schälen und in hauchdünne Scheiben bzw. Ringe schneiden. Zwiebelringe in 1 EL Butter glasig dünsten. Räucher-Matjesfilets abtropfen lassen.

Den Backofen auf 180 Grad vorheizen.

In eine flache, mit 1 EL Butter ausgestrichene Gratinform erst die Hälfte der rohen Kartoffelscheiben, dann Zwiebelringe, Apfelscheiben und Matjesfilets schichten. Mit restlichen Kartoffeln bedecken.

Sahne mit Pfeffer verrühren und über das Gratin gießen. Paniermehl und 1 EL Butter in Flöckchen darüberstreuen.

Matjesgratin zugedeckt im vorgeheizten Backofen auf der mittleren Schiene ca. 30 Minuten garen. Abdeckung entfernen und solange überbacken, bis das Gratin knusprig ist.

Makkaroni al forno

Zutaten

Salz,
300 g Makkaroni,
1 Zwiebel, 1 Knoblauchzehe,
1 EL Öl,
1 große Dose Tomaten (850 g),
1/8 l Brühe,
1 Glas Muscheln (250 g),
100 g Crevetten,
Pfeffer,
Fett für die Form,
80 g Parmesan, gerieben,
Dill, Basilikum, Petersilie, jeweils gehackt

Zubereitungszeit: 50 Minuten

EW	F	KH	kcal/kJ
31 g	16 g	63 g	516/2179

Reichlich Salzwasser zum Kochen bringen, Makkaroni bißfest garen, abgießen und abtropfen lassen. Zwiebel und Knoblauchzehe schälen, fein hacken, Öl erhitzen, Zwiebel und Knoblauch darin glasig dünsten. Tomaten mit Flüssigkeit zugeben, Brühe aufgießen und alles ca. 15 Minuten köcheln lassen. Muscheln abtropfen lassen, mit Crevetten unter die Sauce mischen, salzen und pfeffern.

Makkaroni und Sauce in eine gefettete Auflaufform schichten, mit Parmesan bestreuen und im vorgeheizten Backofen bei 200 Grad ca. 20 Minuten backen. Auf Tellern anrichten, mit Kräutern garniert servieren.

Süßspeisen & Desserts

„Beschwipster“ Pflaumen-biskuitauflauf

Zutaten

125 g Löffelbiskuits,
Fett für die Form,
10 cl Pflaumenaperitif,
500 g reife Eierpflaumen,
2 EL Zucker,
6 cl Weißwein,
2 Eier, getrennt,
2 EL Mehl,
1 TL Zimt,
1 TL Zucker

Zubereitungszeit: 90 Minuten

EW	F	KH	kcal/kJ
8 g	8 g	57 g	343/1436

Löffelbiskuits in eine gefettete Auflaufform legen und mit 4 cl Pflaumenaperitif beträufeln.

Eierpflaumen waschen, halbieren, entkernen und in Zukker, Weißwein und restlichem Pflaumenaperitif ca. 10 Minuten dünsten.

Obst anschließend auf einem Sieb abtropfen lassen und über die Biskuits verteilen.

Eigelb mit Mehl verrühren, Klumpenbildung vermeiden. Eiweiß steif schlagen und unter das Eigelb heben. Die Masse gleichmäßig auf die Pflaumen streichen.

Biskuitauflauf im vorgeheizten Backofen etwa 1 Stunde bei 175 Grad überbacken.

Vor dem Servieren mit Zimt und Zucker bestreuen.

Der Biskuitauflauf schmeckt auch kalt sehr gut.

Mein Tip

Sollten Pflaumen gerade keine Saison haben, bieten sich auch andere frische Früchte wie Himbeeren, Blaubeeren oder Kirschen an.

Apfelpastete
(für 6 Personen)

Zutaten

5 säuerliche Äpfel,
50 g Butter,
100 g Zucker,
abgeriebene Schale von
1 Zitrone,
2 EL Zitronensaft,
100 g Mandeln, gehackt,
5 EL Rosinen,
6 cl Apfelsaft,
3 EL Rum,
Fett für die Form,
250 g Biskuitboden,
5 EL Johannisbeergelee

Zum Dekorieren:
200 ml Sahne,
1 Päckchen Vanillinzucker,
einige Johannisbeeren,
4 EL Pistazienkerne, gehackt

Zubereitungszeit: 70 Minuten (ohne Abkühlzeit)

EW	F	KH	kcal/kJ
7 g	20 g	82 g	566/2376

Äpfel schälen und vierteln. Kerngehäuse entfernen und Äpfel in kleine Stücke schneiden. Geschmolzene Butter, Zucker, Zitronenschale und -saft, Mandeln, Rosinen, Apfelsaft und Rum mit den Äpfeln vermischen.

Eine gefettete Auflaufform mit der Hälfte des Biskuitbodens auslegen. Die Apfelmischung hineingeben und das restliche Biskuit als obere Schicht darauf verteilen. Im vorgeheizten Ofen bei 180 Grad ca. 45 Minuten backen. Gut auskühlen lassen. Johannisbeergelee mit 2 EL Wasser verrühren und damit den Auflauf gleichmäßig bestreichen.

Für die Dekoration Sahne mit Vanillinzucker steif schlagen. Apfelpastete mit einer dicken Sahneschicht überziehen. Mit einigen Johannisbeeren und den gehackten Pistazienkernen nach Belieben dekorieren.

Quark-Obst-Auflauf

Zutaten

3 Eier, getrennt,
75 g Zucker,
1 TL natürliches Vanille-aroma,
Saft und Schale von
1 Zitrone, unbehandelt,
75 g feine Speisestärke,
500 g Speisequark (Magerstufe),
Fett für die Form,
350 g geputzte Früchte, z. B. Aprikosen, Himbeeren, Äpfel,
40 g Mandeln, gehackt,
1 – 2 EL Butter

Zubereitungszeit: 75 Minuten

EW	F	KH	kcal/kJ
25 g	19 g	53 g	498/2089

Eigelb, Zucker, und Vanillearoma mit Zitronensaft und -schale in eine Schüssel geben. Speisestärke und Quark zufügen, verrühren. Eiweiß steif schlagen und unter die Quarkcreme heben. Die Hälfte der Mischung in eine gut gefettete Auflaufform füllen.

Obst mundgerecht zerkleinern, auf die Quarkcreme schichten und mit der restlichen Creme bedecken. Mandeln über den Auflauf streuen, Butter in Flöckchen daraufsetzen. Bei 200 Grad in 50 – 60 Minuten backen.

Grießauflauf mit Rhabarber

Zutaten

500 g Rhabarber,
2 EL Ahornsirup,
Saft von 1 Zitrone,
1/2 l Milch, Salz,
1/2 TL Vanillepulver,
80 g Grieß,
50 g weiche Butter,
75 g Zuckerrohrgranulat,
3 Eier,
Butter für die Form

Zubereitungszeit: 80 Minuten

EW	F	KH	kcal/kJ
12 g	20 g	47 g	426/1788

Rhabarber schälen, Stangen in 2 cm große Stücke schneiden. Ahornsirup mit Zitronensaft verrühren, über den Rhabarber gießen und zugedeckt durchziehen lassen.

Milch mit 1 Prise Salz und Vanillepulver aufkochen, Grieß einstreuen, unter ständigem Rühren nochmals aufkochen. Bei schwacher Hitze in 5 Minuten ausquellen, dann abkühlen lassen.

Butter mit Zuckerrohrgranulat schaumig rühren. Eier trennen, Eigelb nach und nach kräftig unter die Butter rühren. Eiweiß steif schlagen.

Abgekühlten Grießbrei nach und nach unter die Buttercreme mengen, Eischnee unterheben.

Masse in eine gefettete Auflaufform füllen, darauf den Rhabarber verteilen. 45 Minuten bei 200 Grad backen.

Bananenauflauf mit Nußstreuseln

Zutaten

100 g Dinkel,
50 g Maisgrieß, grob,
80 g Haselnüsse,
1 TL Vanillinzucker,
abgeriebene Schale von
1 Zitrone, unbehandelt,
80 g flüssige Butter,
1 EL Blütenhonig,
400 g säuerliche Äpfel,
z. B. Boskop,
4 mittelgroße Bananen,
Fett für die Form

Zubereitungszeit: 70 Minuten

EW	F	KH	kcal/kJ
8 g	31 g	78 g	643/2709

Dinkel und Maisgrieß fein mahlen. 60 g Nüsse mit der Küchenmaschine mittelfein hacken. Vanillinzucker und Zitronenschale dazugeben und alles mischen. Flüssige Butter und Honig langsam darüberträufeln, dabei gleichzeitig mit den Knethaken der Küchenmaschine alles zu einer krümeligen Masse verarbeiten.

Äpfel, wenn möglich mit der Schale, grob raspeln, unter die Streuselmasse mischen.

Bananen in Scheiben schneiden und untermengen. Bananenmasse in einer großen gefetteten Auflaufform verteilen.

Restliche Nüsse hobeln und darüberstreuen.

Den Auflauf auf die mittlere Schiene in den nicht vorgeheizten Backofen schieben.

Bei 200 Grad 30 – 40 Minuten backen.

Bananenauflauf mit Nußstreuseln warm servieren.

Süßer Apfelauflauf

Zutaten

100 g Maismehl (ersatzweise Weizenmehl),
Salz,
5 EL Zucker,
ca. 100 ml Milch,
4 Eier, getrennt,
2 EL Butter,
3 große aromatische Äpfel, z.B. Golden Delicious,
1 TL Zitronensaft,
Butter für die Form,
1 EL Puderzucker

Zubereitungszeit: 70 Minuten

EW	F	KH	kcal/kJ
11 g	14 g	53 g	392/1643

Das Maismehl in eine Schüssel geben und mit 1 Prise Salz, 3 EL Zucker und Milch vermischen. Eigelb dazugeben und rühren, bis ein gleichmäßiger Teig entsteht.

1 EL geschmolzene Butter zufügen. Teig etwa 20 Minuten quellen lassen.

Äpfel schälen, halbieren, entkernen und quer in dünne Scheiben schneiden. Den Backofen auf 220 Grad vorheizen.

Eiweiß mit 1 Prise Salz und Zitronensaft steif schlagen und unter den Teig heben. Eine flache Auflaufform mit Butter bestreichen. Den Teig hineinfüllen und flachstreichen.

Auf der untersten Schiene in den Backofen schieben und ca. 5 Minuten stocken lassen. Form herausnehmen und die Apfelspalten darauf verteilen. 1 EL flüssige Butter darüberträufeln und mit 2 EL Zucker bestreuen. Auf der obersten Schiene 20 Minuten hellbraun überbacken. Vor dem Servieren nach Belieben mit Puderzucker bestäuben.

Reisauflauf mit Johannisbeeren

Zutaten

1/2 l Milch,
Salz,
1/2 Vanilleschote,
250 g Milchreis,
50 g Butter,
5 Eier,
100 g Zucker,
1 EL Maraschino,
300 g Johannisbeeren,
Butter zum Einfetten

Zubereitungszeit:
1 Stunde, 50 Minuten

EW	F	KH	kcal/kJ
18 g	23 g	88 g	656/2760

Milch mit Salz, ausgeschabtem Vanillemark und „leerer“ Schote aufkochen.

Reis 50 – 60 Minuten in der Vanille-Milch quellen lassen.

Vanilleschote entfernen. Butter unter den Reis rühren, abkühlen lassen.

Eier trennen, Eigelb mit 80 g Zucker und Maraschino schaumig schlagen, mit gewaschenen, entstielten Johannisbeeren locker unter den Reis heben. In eine gefettete, feuerfeste Form geben, glattstreichen.

Eiweiß mit restlichem Zucker schnittfest schlagen, mit einem Spritzbeutel auf dem Auflauf verteilen. Bei 180 Grad etwa 30 Minuten backen.

Reisauflauf kurze Zeit ausdampfen lassen und servieren.

Soufflé mit Kirschen

Zutaten

Butter für die Form,
500 g Süßkirschen,
2 cl Rum, 4 Eier,
75 g Zucker,
1 Päckchen Vanillinzucker,
1 Prise Salz,
1 EL Puderzucker

Zubereitungszeit: 45 Minuten

EW	F	KH	kcal/kJ
9 g	8 g	29 g	242/1013

Den Boden einer feuerfesten Form mit etwas Butter einfetten. Kirschen waschen, entsteinen, in die Form geben und mit Rum beträufeln.

Eier trennen. Eigelb mit Zucker, Vanillinzucker und Salz in einer Schüssel mit dem Mixer schaumig rühren.

Eiweiß zu steifem Schnee schlagen und vorsichtig unterheben. Eimasse gleichmäßig auf den Kirschen verteilen.

Auf der untersten Schiene im vorgeheizten Ofen bei 180 Grad etwa 15 – 20 Minuten backen. Soufflé mit Puderzucker bestäubt sofort servieren.

Mandelauflauf mit Rosinen

Zutaten

80 g Rosinen,
4 EL Rum,
50 g kandierter Ingwer,
100 g Butter,
80 g Puderzucker,
100 g Mehl,
1/2 l Milch,
4 Eier,
Salz,
1 TL Zitronensaft,
80 g Mandeln, gehackt,
Fett für die Form,
2 EL Mandeln, gemahlen

Zubereitungszeit: 70 Minuten (ohne Einweichzeit)

EW	F	KH	kcal/kJ
18 g	44 g	69 g	824/3454

Rosinen 1 Stunde in Rum einweichen. Ingwer sehr fein hacken.

Butter in einem Topf schmelzen, mit Puderzucker schaumig rühren.

Nach und nach Mehl einstreuen, unter ständigem Rühren Milch zugeben.

Bei mittlerer Hitze so lange rühren, bis sich ein Kloß gebildet hat. In eine Schüssel umfüllen.

Eier trennen. Eigelb unter den Teig rühren. Eiweiß mit 1 Prise Salz und Zitronensaft schnittfest schlagen. Mit gehackten Mandeln, Ingwer und abgetropften Rosinen unter den Teig heben.

Eine hohe Auflaufform einfetten, mit gemahlenen Mandeln ausstreuen.

Teig einfüllen, Mandelauflauf im vorgeheizten Ofen bei 200 Grad auf der unteren Schiene in 40 – 45 Minuten garen.

Der Auflauf schmeckt heiß und auch lauwarm.

Menüs für jede Gelegenheit

Feiertage, Geburtstage, Jubiläen, Besuche von Freunden – das alles sind Anlässe, für die sich die Komposition eines besonderen Menüs anbietet.

Nicht jedes Menü eignet sich aber für jeden Anlaß. So wird bei einer Jubiläumsfeier oder einer Hochzeit sicherlich opulenter aufgetafelt als bei einem ungezwungenen Beisammensein mit guten Freunden.

Egal welches Fest gefeiert wird, für jede Menüfolge gilt: Die einzelnen Gänge sollten zueinander passen und abwechslungsreich sein. Bei der Auswahl ist also Kreativität gefragt, der eigenen Phantasie werden dabei keine Grenzen gesetzt.

Eine erste Orientierung bietet stets die klassische Menüfolge: Kalte Vorspeise – Suppe – warme Vorspeise – Hauptspeise – Süßspeise – Käse. Wem das zuviel ist, der beschränkt sich einfach auf die gängige Variante: Vorspeise – Hauptspeise – Nachtisch.

Um dem kompletten Menü eine Einheit zu geben, damit sich die einzelnen Speisen auch wirklich ergänzen, bietet sich die Möglichkeit, alles unter ein Motto zu stellen. Dabei kann es sich zum Beispiel um ein asiatisches Menü handeln, ein italienisches usw.

Wer sich als Hauptspeise für einen Auflauf, ein Gratin oder ein Soufflé entscheidet, der kann den Kochablauf besser planen:
Während die Ofenspezialität im Backrohr steht, werden in aller Ruhe die weiteren Gänge des Menüs vorbereitet.
Nachfolgend sollen einige Menüvorschläge zum Nachkochen inspirieren. Vorgestellt werden Menüs mit Auflauf, Gratin und Co. für jede Gelegenheit.

Meine Menü-Tips

Schlemmer-Menü

Vorspeise
Frische Feigen, eingewickelt in Parmaschinken

Suppe
Kartoffelcrème mit geräucherten Forellenfilets

Hauptspeise
Hähnchenauflauf mit Salbei Seite 37

Süßspeise
Reisauflauf mit Johannisbeeren Seite 59

Festliches Menü

Vorspeise
Blattsalat mit gebratenen Austernpilzen

Suppe
Klare Ochsenschwanzsuppe

Hauptspeise
Lamm-Kartoffelkuchen Seite 38

Süßspeise
Apfelpastete Seite 55

Menü ohne Fleisch

Vorspeise
Champignon-Sahnesuppe

Hauptspeise
Spinatlasagne Seite 16

Süßspeise
Bananenauflauf mit Nußstreuseln Seite 57

Schnelles Menü

Vorspeise
Salat aus Äpfeln und Möhren

Hauptspeise
Mozzarella-Tomaten-Gratin Seite 30

Süßspeise
Quark mit Früchten der Saison und Honig

Bild- und Textquellennachweis

Titelbild: Deutsches Teigwareninstitut
Adam: Seite 12 li, 48, 55, 58;
Deutsche Champignons: Seite 33;
Deutscher Käse: Seite 10 re, 26, 27 oben, 28 unten, 39, 50 oben, 52/53;
Deutsches Teigwareninstitut: Seite 11 re, 16 unten, 19 oben, 23 unten, 32 oben;
Food Archiv, C.P. Fischer: Seite 12 re, 13 re, 38 (2x), 44/45, 46 unten, 49 unten, 57 oben, 59, 60, 61;
The Food Professionals: Seite 2/3, 9, 10 li, 14/15, 34/35, 41 oben, 42 (2x), 47/51;
3 Glocken: Seite 18, 21, 41 unten;
Hela Gewürzwerk: Seite 11 li;
Info Bananen: Seite 31 unten;
Kikkoman: Seite 22, 28 oben, 46 oben, 54;
Knorr GmbH: Seite 29, 36, 37 oben, 56;
Peter Kölln, Köllnflockenwerke: Seite 16 oben, 24/25, 43;
Landliebe: Seite 31 oben, 37 unten;
Milkana: Seite 17;
Rotkäppchen: Seite 32 unten;
Unox: Seite 40;
USA Sonnenblumenkerne: Seite 19 unten, 27 unten;
Woldemar: Seite 50 unten